천사를 그리기 시작했어

⋮

공저이지만 한 권의 시집으로
느끼실 수 있게 작가를 밝히지 않았습니다.
책 끝에 수록 작품 목차에서
작가를 확인하실 수 있습니다.

천사를 그리기 시작했어

1판 1쇄 발행 2026년 1월 1일

지 은 이   시인과 화가들
펴 낸 이   노근수
디 자 인   박현종

펴 낸 곳   은는이가
출판등록   2023년 6월 16일 (제 2023-000113호)
주   소   경기도 고양시 일산서구 현중로64, 602-1003호
전   화   031-815-0155
팩   스   031-696-6468
이 메 일   en2ga@naver.com

ⓒ시인과 화가들, 2026
ISBN 979-11-989265-4-8 (03810)

정가 14,000원

* 이 책의 판권은 도서출판 은는이가에 있습니다.
* 저자와 출판사의 허락 없이 내용의 전부 또는 일부를 인용 발췌하는 것을 금합니다.
* 잘못 만들어진 책은 구입한 곳에서 교환해드립니다.

천사를 그리기 시작했어

시인과 화가들

차례

당신의 도슨트
「천사 선언문」 낭독   8

1부 색깔을 손에 잔뜩 쥔 채

색에 기억 매기기	12
나무 아래서는 익다만 생각들이 자꾸 떨어지곤 합니다	14
초록은 나의 폐곡색	15
천국에 남은 단 하나의 귤	17
안개, 오렌지	19
두루미	20
3월의 꿈	22
얼굴이 많기 때문에	24
방	26
안녕	28
고백은 지금을 견딜힘이 되어 주기에	30
노랑처럼 배려했고 옐로처럼 안부를 전해요	32

2부 기억의 드로잉을 시작해

모든 게 가치 있다는 우리만 아는 비밀을 즐기면서	36
대화의 도수	37
리듬이 만들어내는 길	39
눈의 여행	41
러브레터	44
생일 축하해	45
별에게 물어봐	46
쌉싸름한 계절엔 춤을	48
체리는 그녀의 첫사랑이다	50
White day	51
기억의 지속	53
인생 네 컷	54
둘의 준비	56

3부 오늘은 천사가 와준 날이거든

천사라는 온점	60
바다	62
Seeing eyes	63
거기에도 나는 있어요	65
인디고 페이스트리	67
천사 교육원	68
000000	70
눈을 감자	71
림보	72
거스름 삶	74
놀이처럼 웃었다	76
아가야 너는 창문이란다	77
천사를 그리기 시작했어	79

에세이

우리가 그린 시(詩)	82

▸수록 작품   86

당신의 도슨트
「천사 선언문」 낭독

천사 선언문

　첫째, 우리 안에는 각자의 천사가 있습니다. 모두 각자의 천사를 꺼내주세요.
　둘째, 시와 그림은 따로 있지 않습니다. 시와 그림을 동의어로 생각해주세요.
　셋째, 당신만의 천사를 함께 그려내주세요.

*

　천사가 무엇이냐고 물어도
　아무도 답을 말할 수 없어요

　그건 꽤나 근사한 일이에요 시가 무엇인지 그림이 무엇인지 물어도 아무도 답을 모르는 것처럼요

　눈앞에 없을지라도
　보이지 않는 것을 눈으로 보다 보면
　어느새 천사가 앞에 있어요

　내 안으로
　투명하게
　엇갈리며

내 바깥으로
빛의 모양처럼
새어 나가며

"난 너를 만나기 위해서 밤마다 열 번도 넘게 눈물을 흘렸어"

"난 네가 내 안에 있다는 걸 잊지 않으려 백 번도 넘게 시를 썼어"

우리의 만남은 아주 오랜 약속이었다는 사실을
잊지 않아요

1부
색깔을 손에 잔뜩 쥔 채

색에 기억 매기기

비 오는 날 창문에 발을 대고 있다가
문득 깨달았어
기억에도 색이 있다는 걸 말이야
집 앞 겹벚꽃을 마주한 밤은 분홍
나뭇잎이 부딪히는 소리에 보조개가 음표처럼 새겨진 날은 초록
자전거를 타고 거리를 내달린 오후는 노랑
우리가 처음 발견한 목련나무 퇴근길은 하양
흘러가는 생각들을 입으로 내뱉어 각인하듯이
기억에 색을 입히면 꼭 이름 같아
(분홍 밤… 초록 날…)

우리는 자주 바다에 뛰어들고
해변의 조개는 파도에 밀려나 사랑을 쓰고 있어

나무 아래서는 익다만 생각들이 자꾸 떨어지곤 합니다

나무 아래서는 익다만 생각들이 자꾸 떨어지곤 합니다

쏟아지는 소리는 왜 고요한지
드리워진 그늘엔 왜 구멍이 나는지
까끌거리는 껍질은 왜 귀여운지
주는 마음은 왜 달큰한지

풀밭에 떨어진 생각을 줍는 사이에
이미 뻗어내는 나무의 손

내게 뻗은 손이 꼭 초록 같았어요

그럼 나는 떫은 생각을 건네주며 배시시 웃어요

나무가 그 생각을 익게 만들어줄 것 같아서
새빨강 사과로 만들어줄 것 같아서 웃었나 봐요

초록은 나의 폐곡색

한여름의 숲처럼
개구리 우는 물가 이끼처럼
운전대 앞에 펼쳐진 녹차밭처럼
비에 젖은 숲처럼
부둥켜안고 인사했던 마지막 배경처럼
무성했던 그날의 뜨거운 잡초처럼

그 시절 경험한 초록들은 모두 데려와 눈앞에 이파리를 그리는 데 다 썼어

색은 흐르고 있고
그러니까 색은 대체될 수 없는 것
초록을 어디서 빌려올까

이미 붓 끝이 남긴 색은 그림에 그대로 앉아버렸어
내가 색을 마음대로 쓰는 데에는 알리바이가 없지

초록들을 뱉어낸 순간 이 그림은 더는 나에게 속하지 않아
그때만큼은 나도 나에게 속하지 않지
내가 남긴 색을 나는 소유하지 못하고
캔버스 위에 저지른 사건의 현장에서 빠져나올 뿐

붓 끝이 남긴 초록은 잠시의 현상
붓질을 하다 살아 있음에 감격했어
초록과 초록 사이 메워지는 삶을 꽉 채우는 색들에 희열하며 축배하고 싶어

색은 흐르고

천국에 남은 단 하나의 귤

제주에서 어느 날들은 안개 속에서 살았어요
저기 저 앞에 펼쳐진 길이 천국인가 착각이 들 정도의 안개였어요

운전을 하는데
작은 점이
흐린 점이
한 방울 희미한 물감 같은 것이 느리게 깜빡였어요

무슨 색이라 말해주기에도 아득해요
천국에 남은 단 하나의 색 같아요

신호등이었어요
천국으로 가는 길에 내가 만날 수 있는 건
그 신호뿐이었어요

그마저도 눈을 느리게 뜨면 내게 없을 방향이 되고
어디가 앞인지 길을 자주 잃었어요

제주에서 어느 날들은 귤 속에서 살았어요
그사이 귤은 습을 먹고 포슬해져요

달다 달어, 할 거예요

안개, 오렌지

무거움을 끌고 나와
부엌에 있는 오렌지 한 알을 든다
손톱을 조금 남겨둘 걸 그랬다
짧은 손톱으로는 박히지 않는 단단한 고집
기어코 잡아 뜯어낸 속에는
뿌연 안개가 덮여 있다
그러게 새콤하면서도 달콤하게 익기를 기다리지
하얀 얄미움을 하나하나 벗겨낸다
안개가 걷히지 않고
오렌지 속살이 알알이 떨어지는
흩어진다
배신당한 손끝이 따끔해지게

두루미

이 좁은 유리병에
어떻게 사랑이 가득 담길 수 있을까?

형틀이 가지각색인 식기를 식탁 위에 깔아두고서
길쭉한 목을 가진 이웃에게 초대받은 여우처럼

이건 언 손에 입김을 불어주는 입 모양을 본뜬 술병
이건 깨어질 듯 위태로운 불안을
연인에게 마음껏 기울이는 몸을 본뜬 물잔

처음 보는 유리의 형태에
어떻게 사랑이 흘러넘칠 수 있나요?
유리병에 어리둥절 끼어버린 여우처럼 묻는다면

좁은 문틈으로 환한 말소리가 새어 나올 수 있는 건
얼어 있던 공기가 모두 녹아내렸기 때문이라고

투명한 식기의 주인은 말하겠지
의심이 많아 바깥에 갇힌 여우야
이제 너의 마음이 녹아
액체와 같이 흐른다면

이리 들어와서 이걸 마셔봐
우리의 시간이 아주 달단다

3월의 꿈

현실에서 도망쳐 잠으로 은신한 이에게
어떤 꿈이 들어섰다

수면자는 경계했으나 이내
악몽이 아님을 안도하며 꿈 공간을 탐색한다

피어나는 시작들과 연한 색이 섞인 바람과 봄동과 미나리
낯익은 처음들

영원하지 않아 아쉬운 풍경을 선명히 보려 눈을 크게 감았다
이내 따가운 채도에 눈이 떠지니

꿈과 같은 현실이 앞에 놓여 있었다

피어나는 시작과 연한 색이 섞인 바람과
봄동과 미나리
낯익은 처음들

활동자는 기쁜 마음이 들었다
'이제는 도망가지 않아도 돼'

따뜻한 아침 햇살에 점점이 녹아가는

꿈은 흐뭇하게 바라본다
성실히 녹는다

'아무 걱정 없이 누비다 산뜻하게 깨어날 것'
꿈이 가진 꿈이었다

얼굴이 많기 때문에

내 얼굴이 큰 까닭은 얼굴이 많기 때문이야

이마엔 감추고픈 얼굴이
입안엔 망설이는 얼굴이
눈동자엔 너와 닮은 얼굴이
눈 끝엔 눈물과 웃음이 쉬운 얼굴이

유치한 15세의 얼굴이 수년이 지나도 마음 주월 머물고 있지만,
오늘의 얼굴은 잠깐 머무는 얼굴,
어제는 내일과 일절 다르지
일절 다른 곳에 있지

내가 어렵단 사람은
왼쪽 얼굴을 보았지만
오른쪽 얼굴은 아직 보지 못했기 때문이야
(평생 본 적 없는 내 얼굴을 내 등 뒤에서 목격했단 사람은 우스웠지만 섬뜩했지)

삼만이천육백칠십오,
잠깐
그사이 얼굴 하나가 태어나
다시 삼만이천육백칠십육 개의 얼굴이
태초의 얼굴에 겹겹이 쌓이며 얼굴의 얼굴이 돼

문득 턱끝에 얼굴은 단 하나의 목을 향해 염치 불고함을 느껴
무게를 줄이려 힘껏 고개를 들었으나
그 누구도 알아주지 않았대

방

표정 없는 몸이
푹신한 침대 위에 묻혀 있다
이불 가득 덮인 회색의 밤이
하얗게 드러날 때

들키고 싶지 않아
소리도 없이 내려놓은 엄지발가락 옆으로
스르륵 놀리듯 찾아온 검은 손님
결국 디딘 발 앞으로 길게 늘어선다

똑같은 모양
똑같은 오늘
반복될 어제

이 방을 나가면
더 이상 보이지 않았으면 좋겠다
내게 붙어버린 이 어두움이
누구에게도 들키지 않았으면 좋겠다

겹겹이 접어 발밑에 숨겨두면 될까
흰색의 물감으로는 덮을 수 있을까

무릎을 안고 고개를 묻어
검정의 끝을 씹어삼킨다

안녕

마지막 편지야

맨 끝에서 나는
문제를 다 풀어낸 아이처럼 완성의 웃음을 짓고 있어

늘 어려웠었지
길 한가운데에서 발 하나를 떼어내기가

겨우 한 발을 내려놓더라도
후회의 자국이 선명히 남아
다시 들어 올리기까지 꽤 오랜 시간이 걸렸고

혼자서는 느린 걸음을 걸었지만
신기하게도 같이 걸을 때에는 누구보다 빠르게 달렸어
숨이 차고 기침이 나와도 웃어버렸지

찰랑거리는 몸은 눈물처럼 느껴졌고
나아가다가 멈추고 다시 나아가며 조심조심 걸어야 했어

순간마다 실력이 탄로 나는 가장 어려운 문제 속에서
12345
다섯 답안을 모두 적어냈고
이게 나라고 외치고 있었지

도전하는 사랑이었고
그 안에서도 안전할 수 있는 요령을 터득했어
이젠 기쁨을 찾았던 모습만 기억날 만큼 소중한 순간이야

내 마음들을 발견해줘서 고맙다는 말과
영원 속에서 따뜻한 글로 대화하자는 말로 추신을 더해

고백은 지금을 견딜힘이 되어주기에

파란색을 색칠할 때 빛이 스며들었으면 해요
바다에 빛이 반짝이듯이
빛의 자리를 염두에 두고 붓을 들어요

바다를 안 간 지는 꽤 오래 됐어요 그리워하는 마음으로 파도를 그리고 반짝이는 빛을 그리고

신을 목 놓아 불러요
종교는 없지만
제가 아는 모든 신을 불러요

기도하는 마음으로
파도 하나에 기도가 닿기를 바라며
파도 둘에 그 사람의 안부를 물으며

그리는 마음은 기도하는 마음과 닮았는지도 몰라요 누군가를 떠올리고 그 누군가의 안부를 궁금해하고

어떤 고백은 하루를 버티게 해요
그렇다면 저는 고백하는 사람이 되겠다는 다짐과 함께
바다에 빛이 스며들어요

당신의 하루가 견뎌졌으면 하는 마음으로
파도가 덧칠해지고
빛이 구슬처럼 영혼을 흉내 내고

시가 사랑을 말하는 법은 항상 은유를 거쳐야 했어요
당신의 안부를 기도할 수 있어
기뻤어요

노랑처럼 배려했고 옐로처럼 안부를 전해요

노랑이 되어주는 당신이
노랑 메시지에 담긴 당신이

무사히 할머니가 될 수 있길 바랐어요

주름이 제법 잘 어울리고
안경을 쓰고 있고
빛이 나는 방향으로 고개를 돌리고 있는

그런 하루를 반복할 수 있길 바랐어요

우리는 같이 걷기보다 같이 걸었던 길에서
같이 머물기보다
같이 있었던 시간을

노랑 셔츠를 입은 당신이
옐로 셔츠를 입은 저와
달의 주기만큼 거리를 유지해요

달을 사랑하지 않은 적이 없듯이
달에게 믿음을 하나둘 쌓아 올리듯이
우리가 우리를 향하는 길은 수많은 거짓을 거쳐야 도달할 수 있어요

거짓 바깥에 거짓이 있고
거짓 안에 거짓이 있고
수많은 거짓이 진실을 흉내 낼 때
진실 그 언저리에라도 도달할 수 있듯이

보름은 완성이 아니라 시작이라고 당신이 말했듯이

옐로가 노랑을 흉내 내다가
노랑 그 언저리라도 만질 수 있듯이

서로를 못 알아볼 만큼
나이가 들었을지라도
당신이 무사히 미래에 도착할 수 있길

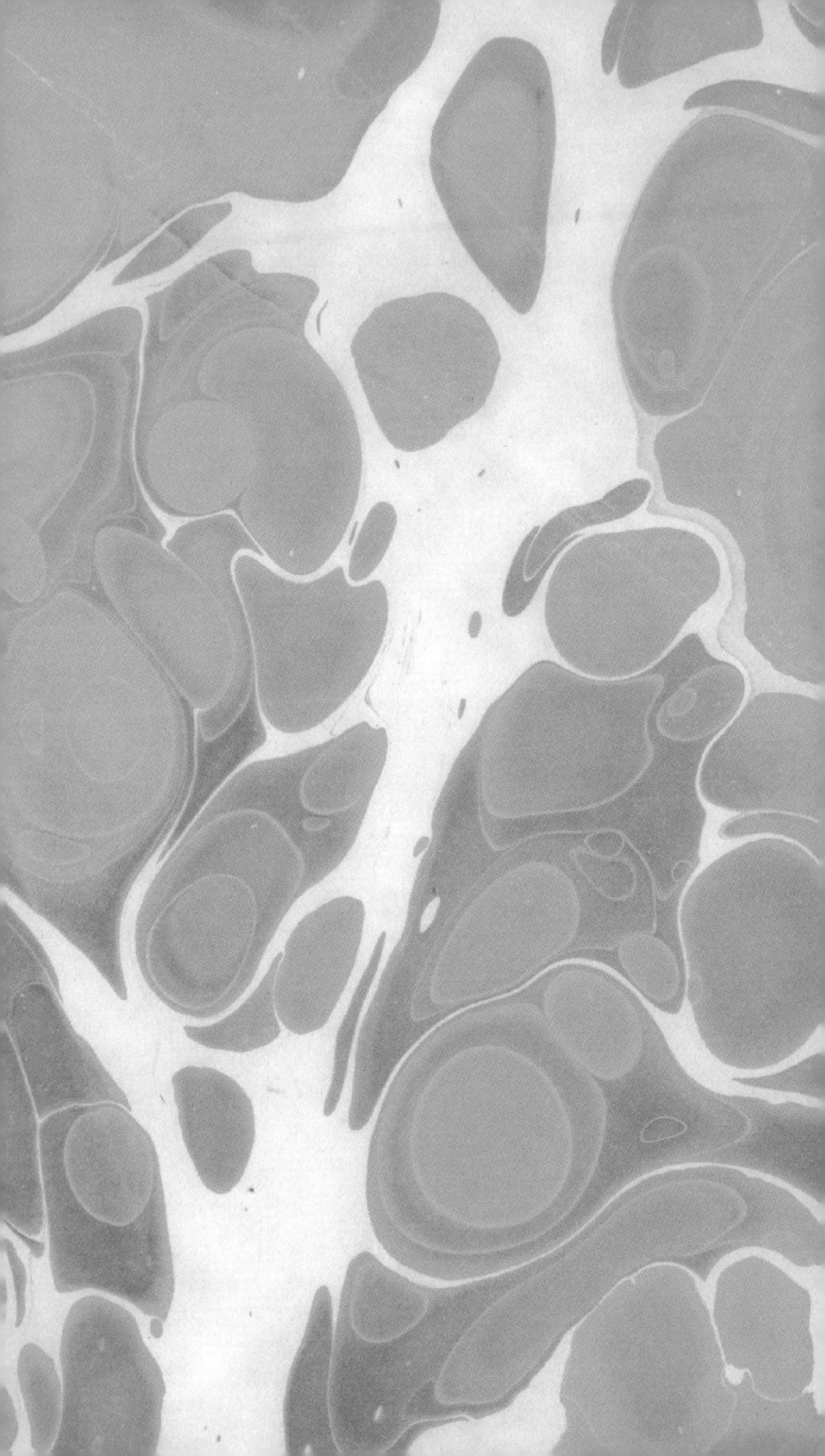

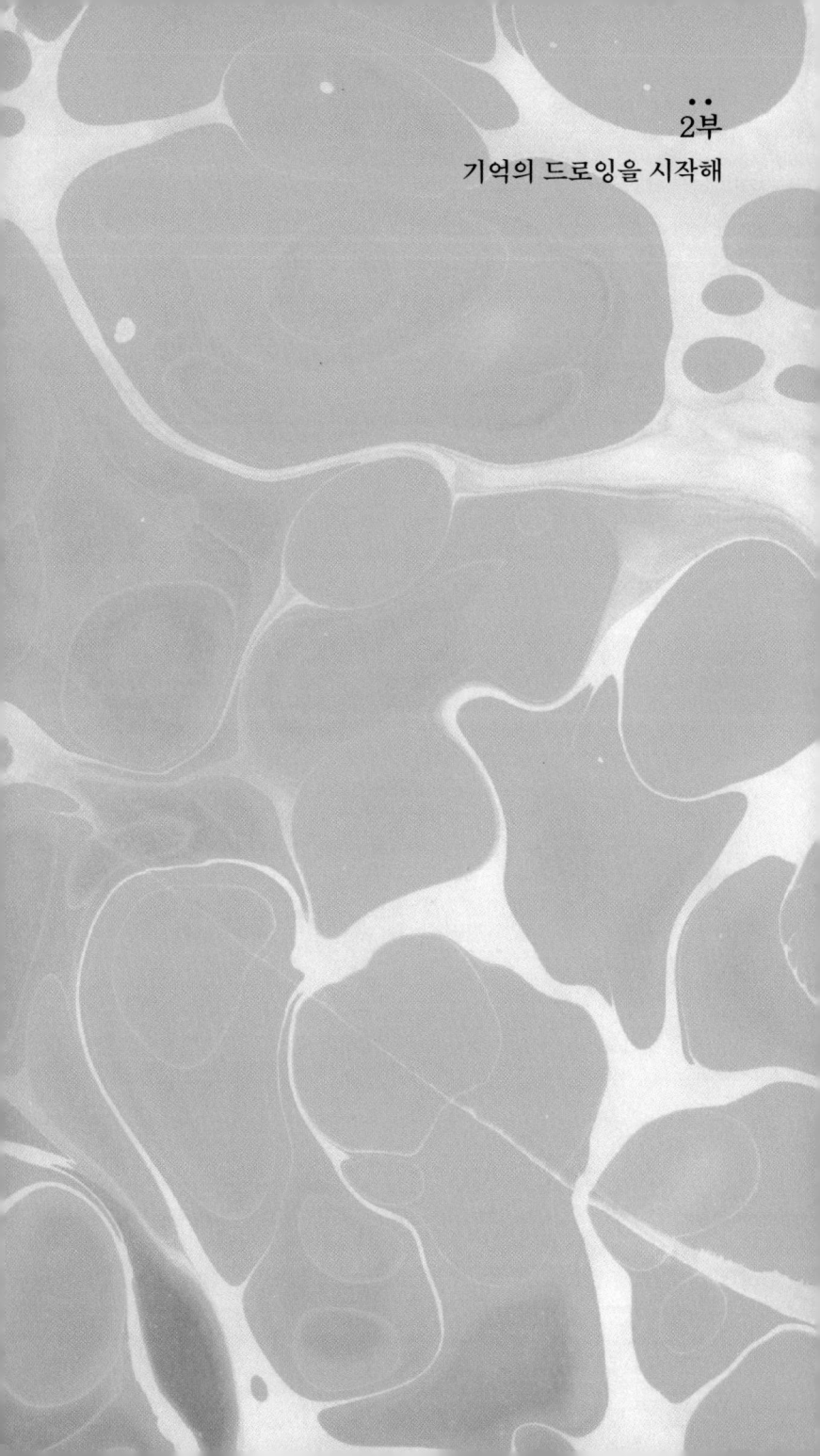

2부
기억의 드로잉을 시작해

모든 게 가치 있다는 우리만 아는 비밀을 즐기면서

식탁의 크기만큼 떨어진 우리 사이로
색색의 모양들이 구른다

투명한 잔 속으로 빨려 들어가는 보랏빛 긴장
기다란 스틱을 톡톡 입으로 쪼개며 달래보는 마음

멜론을 하나 톡 덜어내어 접시에 가져다놓는다
괜히 포크로 찔러보는 물컹한 진심
"그 멜론 엄청 달 거야."
입에 넣어보지 않아도 알 수 있어
식탁 위 색들이 일렁이며 춤을 춘다

눈앞에 꽃잎이 떨어지고
"예쁘다."
무엇을 칭하는지 모를 문장
카드 안에 숨긴 표정
난 너에게 말을 건넨다
좁힐 수 없는 식탁을 물끄러미 바라보며

대화의 도수

토마토 파스타를 포크로 돌돌 말 듯이
장미꽃 안으로 들어간다

대화에도 도수가 있다면
꽃잎과 줄기 사이에 진술처럼
가지런하지 않게 어긋남으로 취해갈 것이다

비스듬하게

사뿐사뿐 꽃잎을 밟으며

줄기를 타고 오르는 당신과 눈이 마주치며

와인 잔이 부딪친다
조명은 적당히 어둡고

마음은 적당을 모르고

눈에는 사랑니 같은 통증이 미래처럼 도착하고

우리는 거짓과 진실이 얽히고설킨 장미꽃의 공간을 헤맨다
이곳은 사차원일까
아니면 고백과 얼룩짐이 눈에 선명한 일차원일까

당신의 문장 하나에
내 문장이 빗금을 그었다
넝쿨처럼 타고 올라가는 분위기가 있었고
우리는 숨어 있는 가시를 서서히 꺼내기로 약속한다

그 고백에는 하나의 어폐가 있는데
가시가 도면의 마지막 꼭짓점이라는
마지막 선분을 이룰 미래라는

와인 잔이 부딪쳤다

리듬이 만들어내는 길

투명해서 시작할 수 있어
투명하게 포옹하고
투명하게 엇갈릴 수 있어

만남의 감각만큼 이별의 파장으로 슬퍼할 수 있어 너를 상상하는 백 가지 상상 중 단 하나만 실제로 일어난다면

그걸 기적이라고 말할 수 있어
믿는 기쁨은 뒷면에 칼날을 숨기고 있을지라도
그 칼날마저 믿을 수 있는 힘이 있어

베어지면
피가 뚝 뚝 흘러도
우리가 이어져 있다는 진실은 달라지지 않아

너를 꿈꾸는 일만큼
나를 꿈꾸게 되고
책상에서 만드는 타자 소리만큼 너의 맥박이 뛰고 있을 거라 짐작하고
우리의 소리가 연결된다는 만화적 상상을 하고

다시 투명하게 포옹해

엇갈려
백 번의 파편과
단 한 번의 실재와
모든 걸 삼키는 믿음 속에서

이변을 만들지 않을 가장 정확한 경우의 수를 설립해
틀리더라도
나의 파편이 너에게 튀지 않을 마음의 감각을 연습해

내가 이상화하는 공식이 만들어지길 바라며
순간을 창작해

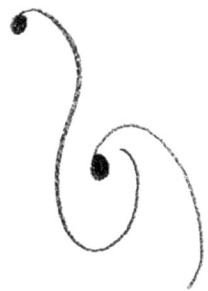

눈의 여행

커다랗고 광활한 너의 정면

가까이 마주한 네 정면은 펼쳐진 초원 같아
내 시선은 양 떼처럼 그 위를 뛰어가

코의 산으로부터 이마의 능선까지
뺨의 비탈에서 미끄러져 턱 끝 낭떠러지로
귀의 동굴을 지나 어둑한 심부로 향하는

눈의 여행은 유구하고
눈의 여행은 지난하지

그 속에서
세상의 모든 미움을 끌어안고 잠든 뱀처럼
웅크려 있는 네가 보여
그 모든 거침을 견디고 있는
너의 차고 미끈한 민낯이 보여

나는 그저 바라봐
손댈 수 없이 벌벌 떠는
너의 추위와 외로움
벌벌 떠는 너의 분노를 관망할 뿐

눈의 여행은 무력하고
눈의 여행은 초연하지

가까이 마주한 네 고통은 아득한 초원 같아
내 시선은 길 잃은 양 떼가 되어
그 위를 방황하다가

흰 눈썹을 펜스처럼 두른
안전한 밤으로 돌아와
그때에야 눈 속에 담은 것들을 쏟아내지

양치기의 가위질에
양털이 우수수 떨어지듯이
삼킨 눈물 쏟아내듯이

손댈 수 없는 너를 위해
너무 커다랗고 광활한 너를 위해

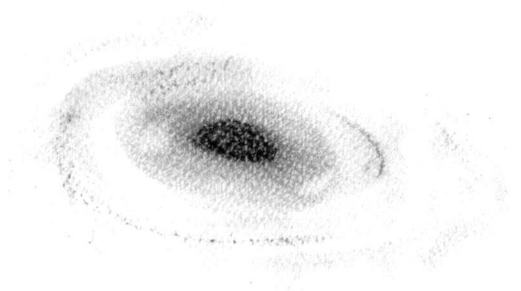

러브레터

죽음은 모든 걸 알려준대요

내 곁에 있는 사람들은 나를 보며 어떤 생각을 하고
어떤 마음을 가질까 궁금했는데
이제 와 보니 모두 사랑이었어요

그 마음들이 모여 나를 이룰 때 가장 반짝였어요

나를 떠올리는 말에는
늘 나도 같은 마음이라 대답할게요

남은 말은 다음 여름에게 전해주세요
여름은 그대로 남아 있을 테니

우리 이제 꿈과 사랑과 바람의 세계로 가요

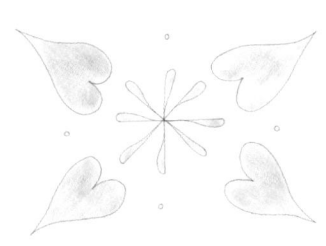

생일 축하해

오늘 저녁은
내가 태어난 계절이 주는 과자

일 년에 한 번만 먹을 수 있어요

작은 이벤트도 준비했어요
생크림 위 하얀 파티에 초대할게요

샹들리에 불이 켜지면
모두들 올라와 빨갛게 춤을 춰요
사랑의 노래도 들려줄게요
드레스 코드는 없습니다
키 제한도 없어요

연회장이 사라지기 전에 뽀뽀를 해주세요
그럼 다들 박수를 칠 거예요

노래가 사라져도 속상해 말아요
내년에는 손님 한 명이 더 오니까요

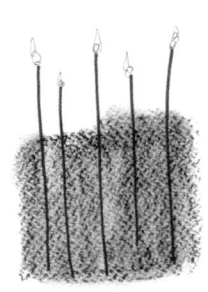

별에게 물어봐

1
"저건 인공위성이야, 별이야?"
언니와 내기를 하곤 했어

또렷하게
밤과 낮을 가리듯 하얗게 빛나던 건 위성
반짝반짝
눈을 떴다 감아야 빛나던 건 별

우리는 이런 식으로 결론을 내려
위성을 솎아내 별을 건져 올리곤 했어
별을 모으듯 내가 찾아낸 별은 마치 내 것이라는 듯
내가 더 많은 숫자를 가졌다 투덕거리며
내일이면 별의 위치도 존재도 잊을 테면서

2
별은 누군가의 눈이고
그리워하는 이를 바라보고 있대

나는 그 눈을 단번에 찾을 수 있을까?
어린 날처럼 당당히 단정짓지 못했어
그런 어른이 되었어

혹시
내가 어떤 위성을 너로 착각해 마음을 쏟아낸다면
너는 내 머리 위로 비를 내릴 테야?

주위의 별들이 답답히 여기며
자기들이 해인 것처럼 빛을 뿜어
나의 것이 여기 있다 힌트를 주어도
너만은 나를 재촉하지 않을 테야?

나의 시야는 하늘보다 땅이더라도
너와 눈 마주치는 날이 적어지더라도
너는 나만을 바라볼 테야

쌉싸름한 계절엔 춤을

바람보다
유연한 햇살보다
생생한 춤을 추다가

문득
엎드려 눈물을 쏟을 수 있나요

금세 표정을 잃어
볼 수도 맡을 수도 뱉을 수도

잃은 것들을 찾으려 무릎을 굽히는데
색색깔 운동화와 힐이
눈코입을 쪼개고 힘껏 차며
정신없이 춤추고 있어요

사라진 나의…

표정이라도 훔치려 무릎을 펴는데
흉내 낼 수 없는 찬란한 한 순간 두 순간에
눈을 잃을 듯한 쨍한 빛이 느껴져서
순간이란 동작에 치어 무릎은 이리저리 휘청거린다

문득
내 모습이 멀리서 보인다면 춤을 추고 있는 것 같지 않을까요?

그렇게 보인다면
다채로움에 내 없음이 가려진다면
언제든 무릎을 구부리고 피고 휘청일 수 있어요
그렇게 보인다면
쌉싸름한 계절에도 기어이 춤을

체리는 그녀의 첫사랑이다

롤아, 내가 어느 책에서 읽었는데 꿈에 대해 쓴 책이다?
꿈에 누군가 나오는 건
잠을 자는 동안 혼과 혼이 만나는 거래
왜 일어나서는 대개 한 가지 꿈이 생각나거나
어느 날은 꿈을 안 꿨네 하잖아
그런데 실제로는 여러 가지 꿈을 매일 꾸는 거래
우리가 아침에 기억하는 건 부분의 에피소드이거나 장면이라는 거야
네 꿈에 체리가 나온 건
체리와 너의 혼이 어젯밤 만난 거야

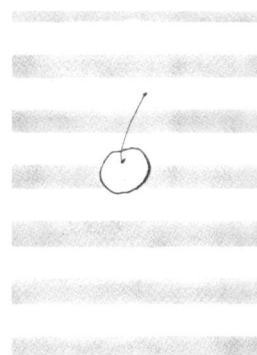

White day

입안에 굴리던 사탕을 깨부셔 먹다 보니
모래자갈이 되는 게 아니겠어?
나는 거대한 바다의 바다

파도가 들어왔다 나갔다
파도는 돌들의 모양을 금세 깎아버리고

사탕을 구름해요
사탕을 첫눈해요
사탕을 위스키해요
사탕을 안경해요
사탕을 오두막해요
사탕을 거울해요
사탕을 썰매해요
사탕을 편지해요

녹을 줄 알면서도
결국 3월엔 사탕을 티켓팅했어요

이것은 우리가 여행할 환상의 에피소드를 그린 삽화들입니다

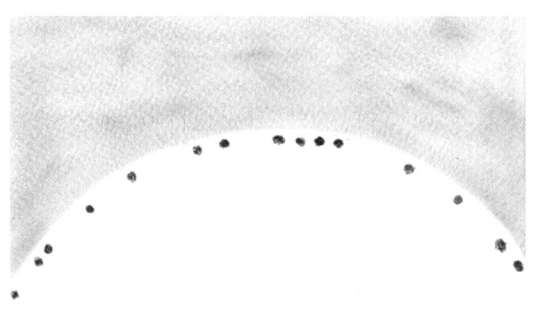

기억의 지속

흘러내지는 시간 속에 산다는 건
기억의 지속에 갇히는 것과 같지 않을까

길을 잃으면 직진만 하게 된다는 말을 들었다

나뭇가지에 걸린 시간과 바닥에 쓰인 시간
박스에 들어간 시간들을 보며 앞으로 걸었다

여름이 보이는 버스 안에서
햇빛은 모스부호처럼
내 볼을 두드리고
춤추는 바람이 빼곡한 눈썹과 손을 잡는다

왠지 모를
시뜻한
마음이 든다면

길은 찾은 것

인생 네 컷

인생을 단 네 글자로 요약할 수 있다더군요
희로애락도 아니고
고진감래도 아닌
즉석사진 간판 위의 네 글자를 가리켜요

우리도 들어갈까요
들어갔다 나온 사람들이 와자해지거든요
단 네 장면으로 간추려진 삶을 들고
호시절이 손안에 붙박여 있음에 기뻐하며

그럴 만한가요 가장 사랑하는 것에게는
이름 앞에 수식으로 붙는다네요
인생 영화 인생 노래 인생 초밥 인생 막걸리
인생이 인생을 수식하진 못하려나요

조명이 너무 센데요 정말로
내 인생 가장 밝은 순간이긴 하겠어요
머리에는 난생처음 하트 달린 띠를 쓰고
최대한 우스꽝스럽게 표정을 구겨보고

웃음 다음엔 화들짝, 그다음엔 슬픈 눈매로
우리는 자유롭게 낯빛을 바꿔가며

자세를 고쳐잡아요
시간이 잠시 멈춰준 척해요

고마워요, 또 만나요
살펴 가요, 손 흔들며
끊임없이 복사되어 튀어나오는 네 글자를
모두 다 하나씩들 잊지 말고 가져가요

그러고도 또 하나가 남는다면
인생 우리, 누구든 보고 가시라
지금 여기 누군가가 가장 사랑했던 시절
잘 보이는 곳에 붙여두어요

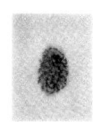

둘의 준비

두 사람이 되면 무얼 챙겨야 하지?
우리가 앞으로 나누게 될 말들

나무로 만든 식탁에 의자 두 개
귀가 커다란 찻잔도 두 개
하지만 나란히 덮을 담요는 하나면 충분하지
이 집에는 슬픔도 하나만 있으면 돼
너의 것 나의 것을 구분하지 않을 테니까

두 사람이 되면 무얼 비워야 하지?
똑같은 책 똑같은 용도의 기계
일인분의 요리와 너무 많던 혼자의 시간
캄캄한 곳으로 돌아가 잠시 불을 켰다가
다시 불을 내리고 외출하던 날들

이제는 네가 있는
밝은 곳으로 향하면서
두 사람이 되어 마주할 것들을 생각해

천변으로 이어지는 길목과
정류장을 끼고 돌면 나타나는 오랜 빵집과 책방
하나인 듯 둘인 듯한 그림자가
우리를 따라오겠지

언제나 똑같은 모습으로 되풀이될
정온의 날들
햇볕이 머리에 뜨듯한 손을 얹으며
주례를 서고 있겠지

3부

오늘은 천사가 와준 날이거든

천사라는 온점

세상 만물이 얼룩처럼 기록된 바다를 보며
소망하는 단 하날 건져 소유할 수 있다면
잠시 욕심이 났지만
파도는 금세 모든 걸 부수고
바단 또 달리 밀려오는 만물을 새겨나갔어

따라서 바다는 남길 수 없는 기록자라고

이야기하는 연인의 한 씬에
스포트라이트를 비춰주던 바다는
그들의 대사를 물결에 싣기도
팔 뻗어 발자국을 지우기도 했어

어느 날은
별들이 심해까지 얼굴을 푹 담구며
떠오르는 일이 지친다 푸념했지만
회신 없음이란 바다의 시시함에
한참을 가라앉다 물고기가 되었다
때가 되면 새처럼 퍼드득 힘차게 날아올랐어

바다는
언제나 이곳에 있을 것처럼

만물과 연인과 별의 자리를 평평히 다듬으며
밑줄 같은 물결과 느낌표 같은 별이 빼곡한
책 한 편을 엮고 또 지우고.

바다

바닷가에 사는 사람들은 외려 물을 무서워한다
바다의 위험 요소를 목격했기 때문에
해파리, 깊이, 급류, 발이 닿지 않는 순간, 할머니가 들려준 공포 같던 옛날이야기

바다와 멀리 사는 사람들은 바다를 표방한다
바다의 낭만만 선택해 기대하기 때문에
윤슬, 적당한 파도, 서핑, 모래사장 위 패브릭 한 조각, 바다에서 발견한 시와 노래와 그림

Seeing eyes

본다는 건 뭐야?

사물을 바라보는 방식을 배운 날들이 떠올라
아빠는 돌멩이들을 주워 천천히 들여다볼 때 얼마나 재미있는지 알려주었어

나는 뒷면을 본 적이 없어
덕분에 상상을 하게 됐지

누군가를 바라보다 좋아진 적도 있었잖아
그 장면 혹시 기억나?
그 사람 속눈썹이 가라앉은 모습
왜, 오래도록 품에 안고 싶은 소묘 같았잖아
기다랗고 가는 선들이 등선을 따라 길을 놓았고
그 아랫길에는 더 여린 선들이 기다리고 있다
포개지듯 서로를 잡았다가 애틋하게 놓았다가
그 사람 눈이 깜빡일 때마다 눈썹의 풍경을 하염없이 바라보고만 있던 날

근사해

보이는 것만이 눈의 세계

그렇지만 나의 세계이기도 해

그럼 눈물은 누구의 것이야?

네가 누리고 있는 세계를 들려줄래?
그러자 눈은 이렇게 말했어요

"세계는 보고 있기 때문에 존재하지.
존재하지 않으면 아무것도 볼 수 없지만 말이야."

거기에도 나는 있어요
Anywhere out of this world

무얼 그려 당신께 선물하면 좋을까
무려 나는 천사를 선물받았잖아요
먼저 바다를 그렸어요 내가 아니라 손이 먼저 그려냈어요

어떤 마음에는 허무虛無가 필요해요
아무것도 없이 텅 빈,
그런 마음을 희망해온 날들이 있어요
아마도 모든 것들을 바라다가 그렇게 돼버린 것 같아요

노자는 허무에 대해 이렇게 썼대요
'형상이 없어 볼 수도 들을 수도 없는 우주의 본체'
꼭 우주에 다녀와 본 사람 같지 않나요?
본 적이 없어 상상할 뿐이에요

그래서 내가 목격한 세계에서 가장 넓었던 바다를 불러옵니다
그리고 어떤 마음을 던져요
썰물, 밀물, 썰물…
반복하다 보면 저 멀리 있다가 결국 찾지 못할 곳에 있게 되겠죠

그 가운데에서 만들어진 소라!
소라 안에는 모든 게 있을 것만 같아요
텅 비어 있다 해도 형상 없는 소리를 들으려

우린 늘 귀를 대어보잖아요
바다가 이 안에 있다고

상상하면서 인식해요
인식하다가 세뇌해요
세뇌하다 보면 희망해요

어느덧
내 것이라 믿어요

형상 없는 모든 것들을 상상하며 결국 우리는 지금에 있어요
있다는 것만이 중요할 뿐이에요

거기에도 나는 있어요

인디고 페이스트리

겹겹이 쌓인 페이스트리 세상에서 살아가는 사람들

그곳은 빛도 어둠도 파아란
마치 인디고 같은 일들만 있어요

손 위엔 언제 생긴 지 모를 작은 얼룩이 쥐어져요

지금은 몇 시죠?
파도의 결만큼 시간이 흘렀나요?
나는 어디쯤인가요?

바람은 차갑고 나는 그냥 흘러요
온몸에 물이 차오르는 기분이에요

파랑을 지나 빛바랜 모래가 들어오고 다시 하양으로 갈 때까지
가만히 떠 있을게요
꿈속에서도 나는 뻐끔뻐끔

다시 눈 뜰 수 있으려나요

눈 떠보니 한참 새벽

천사 교육원

"마음이 왜이렇게 맛있어요?"

해답 없는 질문은
마음속 천사를 그리게 한다

바닥을 내내 쓸어도
자꾸만 오그라드는 손끝처럼
삐죽한 물음표에 접혀지는 웃음은
고리를 지워내고 동그라미로 만든다

천사를 그려낸다는 건
아마도
다듬어지지 않은 문장을 나누는 일이나
책상 아래로 보송한 손을 마주 잡는 일이 아닐까

천장엔 달님이
거울 뒤엔 웃음소리가
벽에는 느림춤을 추는 빛

이곳의 아침은 천사를 닮았어요

oooooo

유난히 공을 좋아하던 너는
하늘에 0을 만들곤 재잘거렸다

"난 달이 하늘의 구멍이라고 생각해"

"구름이 우리보다 빠를까?"

"비행운이 꼭 물고기 같다"

한쪽 눈을 감았다 뜨며 말하는 너의 습관이
대답을 대신 해주는 것 같았다

여름이 오면 우린 언덕 위에서
작년의 둥글던 수박 이야기를 하겠지

귀에서는 서울이 웅웅 대고
나는 그해 온 동네 수영장을 모으고 다녔다

눈을 감자

늘 부족한 이의 곁에 있기를 바랐다
내가 있을 때에야 완전해지는

뜨거운 흰 밥이 당신을 가득 채웠다 해도
틈을 찾아 차지하고 싶었다

아쉬움에 눈을 감자,
문득 내가 떠오르기를

기어코 당신 속에 들어가
산산이 부서질 때

짭조름한 손끝을
만족스럽게 씻어낼 때

그 찰나를
오래도록 사랑한다

림보

뚱뚱한 천사는 게으를 거라고 생각하니?
온 힘을 다해 사랑하지 않을 것 같니?

우리는 그 품에서 아늑해진다
이불 속에 파묻혀 보내는 일요일의 무사안일처럼
사랑의 중량은 커질수록 힘껏 안기기에도
힘없이 쓰러지며 안기기에도 좋으니

아침 식사로 익힌 채소와 수프를 먹으며
몸무게가 일 그램, 일 그램씩 늘어날 때마다
빈 어깨를 감싸기에 좋은 굴곡이 되어감을 느낄 수 있다

물기를 머금은 솜털이 물기를 머금은 만큼 무거워지듯
천사는 우리를 최대한으로 그러안으며
젖어가고 있을 테지만

키 작은 천사는 머리가 하늘에 닿지 못할 것 같니?
천사라는 말의 높이가
이 땅에서 온 힘을 다해 제자리 뛰기를 해봐도
닿을 수 없는 림처럼 느껴지니?

우리는 그 아래서 평온해진다

모두가 난쟁이인 곳에서는 높이를 재는 잣대가 없고
햇빛의 폐부를 찌르는 첨탑이 없고
다만 사랑에 빠지기에 좋은 깊이만을 가늠할 수 있으니

우리의 시선이 수심이라면, 눈금이 낮아질수록
거기서 온 힘으로 헤엄하는 존재들을 볼 수 있다
발을 헛디디고 빠지게 되는 깊은 마음으로

그리하여 깊은 밤, 홀로 농구공을 튕기던 소년이 림을 향해
닿고 싶은 마음으로 뛰어오르는 걸 본다면

아주 잠깐 그 모습이
천사의 머리 위에 달린
둥근 링처럼 보인다면

거스름 삶

매일매일 무언가를 위하느라
내 삶이 없는 것만 같았는데

오늘은 말라가는 식물을 전부 옮겨 심고도 삶이 남았어
건조한 옷을 개키고 바닥을 쓸고 닦고도 삶이 남았어
오늘은 내 몫으로 남은
거스름 삶을 살아야겠어
그 누구도 무엇도 위하는 게 아닌
나를 위하는 삶을 말이야

사지도 않을 책을 보러 헌책방을 들랑거리고
약속도 없이 번화한 거리를 배회하고
매일 그 시간 그 자릴 지키는 과일 장수에게서
내가 좋아하는 사과 한 봉지를 살 거야
갑자기 생각난 옛날 사람을 찾아갈 거야

두 알 내주고도 세 알이 남겠지
변해버린 그를 위해 다 울고도 슬픔이 남겠지
사과를 깎아 나눠 먹으며
이제 내게 남은 몫으로는
거스름 삶을 살아야겠다고
말하면 옛날 사람이 웃겠지 그게 뭐냐고

옛날에 자주 가던 거리도 오랜만에 걸어보고
그 자릴 지키는 오랜 가게에도 일없이 들랑거리고
더는 만날 수 없는 친구를 떠올려도 보고 그런 거지

거스름으로도 할 일이 이렇게나 많은걸
없는 것만 같았던 삶이
오늘은 나를 위해 살아주었어

돌아오는 길에는 내 몫의 사과를 한 손에 쥐어보았어
아직 남아 있는 오늘로부터
거슬러 받은 기쁨이 찰랑거리더라

놀이처럼 웃었다

전시회가 아직 끝나지 않은 듯이
아이들이 물감 통을 들고
새하얀 눈에 물감을 뿌렸다

빨간색 파란색 녹색 검정색 회색 연두색 분홍색
이 색깔 저 색깔
뒤죽박죽

색깔이 되려는 듯이 눈밭을 굴렀다 온몸에 색깔이 묻어나고 어쩌면 온몸과 색깔을 일치시키고

아이들이 웃자
새하얀 눈이 내렸다
아이들은 손을 모아 내리는 눈을 담았다

손에서 빛이 새어 나오는 것만 같았다

아가야 너는 창문이란다

죽음의 미리보기라는 잠을 겪다
불쑥 깨어났고
어떤 용기에 이끌려 커튼을 걷었어

그러자 넌 한 떨기 빛으로 응답하였지

너를 열어
우-하고 입을 모아
후-하며 입안 숨 굴리자
홀씨가 되어 날아가는 먼지들

내 모습에 겹쳐 보인 너는
잠시 잊은 나이기에

나는 어디서 왔고
나는 얼마나 사랑받았고
나는 어떤 가능성이 있었고

너를 보면 이런 것들이 떠오르더라

서리 낀 널 일기장 삼아 손가락으로 죽죽
한 글자 두 글자
나는 희끗한 기억을 서술해보았어

어느새 손가락은 모든 서리를 지웠고
너는 세계의 미리보기

너는 나오라 손짓했고
나는 두 번째 창문을 열었어

천사를 그리기 시작했어

희고 커다란 종이
불안이라는 연필로 천사를 그리기 시작했어
그리고 지우고 그리고

연필 끝은 자꾸 흔들렸고
작은 천사 하나도 완성하지 못했지

"사실 천사는 원래부터 존재하지 않아"
큰 목소리는 종이 위를 덮어버렸고
모두들 잊어버렸어
내가 무엇을 그리고 있었는지도

케케묵은 종이를 꺼낸 건 어른이 된 지금
이제는 크게 느껴지지 않는 종이를
까만색 아크릴 물감으로
가장 큰 붓으로

물감이 마를 때까지는 아무것도 하지 못한다는 걸 알면서도
어떤 자리도 남겨두지 않고
지우개 자국뿐인 종이 위를
가득
검정의 물감으로
불안으로

이제는
물감이 말라 끝부분이 동그랗게 말린
종이 위를 바라보고 있어
작은 붓 하나를 들어
팔레트 위에 있는 흰 물감 한 조각
붓 끝으로 톡 찍어
종이 위로
검정 위로

작은 점으로
하양으로
빛으로

다시,
천사를 그리기 시작했어

essay
에세이

우리가 그린 시(詩)

저는 아이들과 그림을 그리며 아이들의 시를 모으던 사람이었어요. 아이들이 들려주는 그림의 이야기는 시 같았어요. 아이들에게 생각공책을 나눠주고 같은 질문으로 첫 장을 시작했어요.

"시가 뭘까요?"

이유주: "시간."
김소율: "아름다운 우리 집."
이선민: "원하는 걸 글자 안에서 상상하는 거예요."
오은수: "땅에 심어서 꼭꼭 숨기고 물을 주고 싹이 나고 꽃이 피고 열매를 여는 것이에요."
김나연: "'시러' 할 때랑 '안 시러' 할 때 '시'요."
김규민: "생각의 전기로 만드는 글."
김민이: "수박씨?"

아이들과 마찬가지로 저 또한 시에 대해 공부한 적도, 써본 적도 없지만 아이들의 이야기와 그림을 모으고 나니 아름다운 집이 되었습니다. 막연하지만 그게 시가 아닐까 생각했어요.

  2023년 새해 첫날, 작업실의 어시스턴트 지수, 희은과 모여 앉아 버킷리스트를 나누다 '시 쓰기'를 같이 해보고 싶다는 저의 제안이 시작이었어요. 출판 일로 알고 지내던 도경 에디터에게 연락을 했고 (그는 마침 시인이었고, 저에게 그림을 배워보고 싶단 말을 한 적이 있었어요) 그렇게 시인 세 명, 화가 세 명이 모여 한 달에 한 번 작업실에서의 리트릿이 시작되었습니다.

  평소 어시스턴트 쌤들을 '엔젤'이라고 부르던 이름을 빌려와 〈천사를 그리기 시작했어〉라는 모임의 이름이 책의 제목이 되었어요 우리는 같은 시제로 다른 세계를 낭독했고 같은 재료로 다른 연못들을 그려나갔죠. 1년이라는 기간 동안 제법 많은 시와 그림이 모였고 책을 내보자던 목표가 머나먼 이야기가 아니게 되었어요. 책에는 못 실었지만 함께했던 병현 시인은 건강 문제로 잠시 자리를 비우고 (병현 시인의 낭독이 참 좋았습니다) 희은이 작업실을 떠나고 그 자리에 은진이 등장하며 시의 주어가 외로웠다 다시 풍성해지기도 했습니다. 천사를 그리는 모임이 2년 동안 이어진 끝에 도경이 편집자를 맡아준 덕분에 책으로 엮어 나오게 되었습니다.

  책이란 무얼까? 소복한 모두의 낱말과 낭독과 감각들이 스치는 가운데 아! 책은 영원한 것이구나, 문득 그런 생각이 들었어요. 우리의 이야기가 책이라는 물성으로 영원히 기록될 수 있겠구나 하고요.

작업실에서 동그란 식탁에 둘러앉아 낭독하던 시간들, 모두 소중하고 좋았습니다. 어색하고 싱그러웠던 첫 만남을 잊지 못해요. 시인들과 '귤'이라는 시제를 놓고 백일장했던 모임 첫날, 시를 처음 써보는 화가 셋은 다음 날까지도 얼마나 웃었는지 몰라요. 젊은 시인들의 대담한 문장들과 부끄러운 얼굴들을 만나는 것이 좋았습니다.

작업실을 떠난 희은, 지수, 은진과의 애틋한 안녕이 시집으로 남는 것 같아 그 또한 소중합니다. 제 버킷리스트가 큰일을 치고 말았네요. 자주 꿈꿔야겠습니다. 함께해준 시인들과 작업실 엔젤들에게 감사드립니다.

도경, 온윤, 병현, 희은, 지수, 은진과 언제든 함께 나누고 싶은 질문, "그래서 시가 뭘까요?"

- 2025년 겨울, 한예롤

▶수록 작품

당신의 도슨트

「천사 선언문」낭독 김도경

1부 색깔을 손에 잔뜩 쥔 채

색에 기억 매기기	유지수
나무 아래서는 익다만 생각들이 자꾸 떨어지곤 합니다	유지수
초록은 나의 폐곡색	한예롤
천국에 남은 단 하나의 귤	한예롤
안개, 오렌지	안희은
두루미	조온윤
3월의 꿈	정은진
얼굴이 많기 때문에	정은진
방	안희은
안녕	안희은
고백은 지금을 견딜힘이 되어 주기에	김도경
노랑처럼 배려했고 옐로처럼 안부를 전해요	김도경

2부 기억의 드로잉을 시작해

모든 게 가치 있다는 우리만 아는 비밀을 즐기면서	안희은
대화의 도수	김도경
리듬이 만들어내는 길	김도경
눈의 여행	조온윤
러브레터	유지수
생일 축하해	유지수
별에게 물어봐	정은진
쌉싸름한 계절엔 춤	정은진
체리는 그녀의 첫사랑이다	한예롤
White day	한예롤
기억의 지속	유지수
인생 네 컷	조온윤
둘의 준비	조온윤

3부 오늘은 천사가 와준 날이거든

천사라는 온점	정은진
바다	정은진
Seeing eyes	한예롤
거기에도 나는 있어요	한예롤
인디고 페이스트리	유지수
천사 교육원	유지수
000000	유지수
눈을 감자	안희은
림보	조온윤
거스름 삶	조온윤
놀이처럼 웃었다	김도경
아가야 너는 창문이란다	정은진
천사를 그리기 시작했어	안희은

에세이

우리가 그린 시(詩)	한예롤